Fiche **philosophe**

Par Aurélie Garon

Descartes

lePetitPhilosophe.fr

DESCARTES

PHILOSOPHE, MATHÉMATICIEN ET PHYSICIEN FRANÇAIS À L'ORIGINE DU CARTÉSIANISME

- **Né en 1596 à La Haye**
- **Décédé en 1650 à Stockholm**
- **Quelques-unes de ses œuvres :**
  - *Discours de la méthode* (1637)
  - *Les Méditations métaphysiques* (1641)
  - *Les Passions de l'âme* (1649)

René Descartes incarne aujourd'hui encore **la figure de proue de la pensée moderne occidentale**, confiante dans la toute-puissance de la raison. Ses théories ont eu des répercussions majeures dans l'histoire de la philosophie. Ayant pour projet de **fonder une science universelle**, de constituer un système total du savoir, sa pensée s'étend à tous les domaines de la connaissance humaine, des sciences à la philosophie. Pour ce faire, il élabore **une méthode placée sous l'égide de la raison** : fondée sur le doute radical, elle vise à atteindre des vérités indubitables.

Loin d'être la pensée purement spéculative dans laquelle on le confine aisément, le cartésianisme place d'abord **l'homme au centre de sa réflexion** et l'invite à bien conduire sa vie. Pour penser le monde, il faut d'abord prendre conscience de soi. Ce mouvement vers sa propre intériorité éclairera alors la compréhension de la réalité.

BIOGRAPHIE

UNE FORMATION MATHÉMATIQUE ET PHILOSOPHIQUE

Né en **1596** à **La Haye**, en Indre-et-Loire, René Descartes est issu de la noblesse poitevine. Son père est conseiller au parlement de Bretagne. Le jeune Descartes entre en 1606 au collège jésuite de La Flèche où il reçoit un **enseignement fondé essentiellement sur les mathématiques et la philosophie aristotélicienne** (d'Aristote, 384-322 av. J.-C.). Sa santé fragile lui donne droit à un régime privilégié : il travaille tous les matins dans son lit. S'il est séduit par les mathématiques et par la « certitude et l'évidence de leurs raisons », il trouve en revanche que l'enseignement de la philosophie est un simple exercice de rhétorique qui souffre d'insuffisances.

Il passe sa **licence de droit en 1616**, ainsi que l'exige sa condition de cadet d'une famille de gentilshommes. Puis il s'engage en 1618 dans les troupes du prince Maurice de Nassau (1567-1626) en Hollande (alliée de la France contre les Espagnols) et rejoint en 1619 les rangs du duc Maximilien de Bavière (1573-1597). C'est le début de la **guerre de Trente Ans**.

BON À SAVOIR

La **guerre de Trente Ans** est un conflit politique et religieux qui déchira l'Europe de 1618 à 1648. Elle naquit de l'antagonisme qui opposait les princes allemands protestants à l'autorité impériale catholique. Elle prit une ampleur européenne à cause de l'intervention de puissances étrangères et fut marquée du sceau de l'atrocité des massacres perpétrés.

LA NAISSANCE DE L'ŒUVRE CARTÉSIENNE

Les années 1618-1628 dessinent toute l'orientation de l'œuvre de Descartes :

- d'une part, il se consacre en 1618 à des **recherches en physique et en mathématiques** avec son ami le docteur Isaac Beeckman (1588-1637) et rédige également un *Abrégé de musique* ;
- d'autre part, **une expérience mystique lui révèle la méthode capable d'unifier les sciences** : trois rêves successifs fondent la légitimité de sa vocation philosophique le 10 novembre 1619 alors qu'il se trouve dans un village allemand.

Après avoir voyagé dans différents pays européens, il choisit de s'établir en **Hollande** en **1629**, afin d'y trouver le calme nécessaire à l'élaboration de sa réflexion philosophique. Il y passe dix-huit années pendant lesquelles il entretient une vaste correspondance avec les communautés scientifique et philosophique européennes.

LE TEMPS DE L'ÉCRITURE

Il commence à écrire les *Règles pour la direction de l'esprit* dès 1626, mais le procès et la condamnation de Galilée (1564-1642) le dissuadent de publier cet ouvrage. Le ***Discours de la méthode pour bien conduire sa raison et chercher la vérité à travers les sciences***, préface de la *Dioptrique*, des *Météores* et de la *Géométrie*, parait en 1637 dans l'**indifférence** de la communauté scientifique. Il écrit ces textes en français et non en latin, afin de s'adresser au plus grand nombre. Les **Méditations métaphysiques**, auxquelles il travaille depuis une dizaine d'années, sont publiées en latin en 1641 et provoquent en revanche des **débats houleux**. C'est avec la parution en 1644 des ***Principes de la Philosophie*** que Descartes estime avoir achevé son œuvre et élaboré **la « vraie philosophie »**, c'est-à-dire la métaphysique et la physique. Il écrit ensuite ***Les Passions de l'âme***, traité publié en 1649, qui élabore **sa morale** sous l'influence de la princesse Élisabeth de Bohême (1618-1680), avec laquelle il entretient une correspondance assidue au sujet de l'âme et du corps. Enfin, confronté à partir de 1648 à de vives polémiques, il accepte par dépit l'invitation de la reine Christine de Suède (1626-1689), désireuse de philosopher. Il contracte une pneumonie peu après son arrivée à **Stockholm** et meurt en **1650**.

Comme on le constate, l'œuvre de Descartes est constituée d'un **corpus à la fois scientifique et philosophique**. Il est notamment l'un des inventeurs de la géométrie analytique et des lois de la réfraction en optique. Il a écrit à ce sujet le *Traité du Monde* et le *Traité de l'homme*, publiés après sa mort. Par ailleurs, sa recherche des principes métaphysiques fondateurs de la science universelle a une **visée pratique pour l'homme**. Il compare la philosophie à un « arbre, dont les racines sont la métaphysique, le tronc est la physique, et les branches qui sortent de ce tronc sont toutes les autres sciences » (*Principes de la philosophie*, Lettre-Préface).

CONTEXTE PHILOSOPHIQUE

LE XVIIᵉ SIÈCLE, UN SIÈCLE DE PROFONDES MUTATIONS

Le XVIIᵉ siècle porte en creux une véritable mutation de l'intellect humain qui passe par une révolution scientifique opérée par les **découvertes de Galilée et de Newton** (1642-1727) :

- Galilée découvre le mouvement rectiligne uniformément accéléré qui engendre la loi de la chute des corps, ce qui en fait le premier représentant de la physique moderne. Par ailleurs, il défend la théorie héliocentriste de Copernic (1473-1543), prouvant par de nouvelles observations, réalisées grâce à l'invention de la lunette astronomique, que la Terre tourne autour du soleil ;
- Newton, quant à lui, est à l'origine de la loi de la gravitation universelle, qui permet de rendre compte du mouvement des astres autour du soleil et de la pesanteur des corps terrestres. Il est ainsi le fondateur de la mécanique classique.

> ## BON À SAVOIR
>
> L'**héliocentrisme** désigne d'abord la théorie selon laquelle le soleil se trouve au centre de l'univers, puis la théorie selon laquelle il est un astre autour duquel tournent les planètes. Il s'oppose au **géocentrisme**, qui considère que la Terre est le centre de l'univers autour

duquel tournent les autres astres.

Tandis que l'ancienne physique, issue des principes d'Aristote, distingue nettement la physique, qui traite des qualités des corps, des mathématiques, qui s'attachent aux quantités, la nouvelle physique impose l'ordre rigoureux des mathématiques auquel tout doit se plier : la nature est écrite en langage mathématique et **la raison scientifique s'impose**.

Dorénavant, **l'idée d'un univers sans limites** se substitue à celle d'un monde clos et fini, comme le défendait la tradition aristotélicienne, et **l'homme n'est plus le centre du monde**, ce qui signifie qu'il doit affronter l'infini. Au regard de ce monde changeant et chaotique, Descartes œuvre tout d'abord pour que l'homme s'éveille à sa propre conscience, puis il élabore ensuite un système de pensée sous l'égide de la raison, en accord avec son temps.

Les révolutions scientifiques engendrent une **volonté de maitrise du réel**, comme en témoignent notamment le *Novum Organum* (1620) du philosophe anglais Francis Bacon (1561-1626), qui y expose les règles de la méthode expérimentale et de l'induction, et le *Discours de la méthode* de Descartes. Il s'agit pour l'homme de fonder une science expliquant la nature et le rendant maitre de celle-ci. Cette quête a donc une visée pratique et utilitaire. Elle annonce par ailleurs la pensée des Lumières et les nouveaux progrès scientifiques et techniques qui marqueront les XIXe et XXe siècles.

PENSÉE ET APPORT

DE LA LOGIQUE À LA MÉTHODE CARTÉSIENNE

La logique aristotélicienne

C'est **Aristote** qui a posé **les bases de la logique**, notamment en définissant les règles du raisonnement valide, dont le modèle est le syllogisme, autrement dit ce qui fait qu'une proposition est vraie. Son *Organon* rassemble ses œuvres traitant de la logique. La logique aristotélicienne a été enseignée en Europe durant tout le Moyen Âge.

> **BON À SAVOIR**
>
> Le **syllogisme** est un raisonnement constitué de trois propositions : une prémisse majeure (« Tous les hommes sont mortels »), une prémisse mineure (« Socrate est un homme ») et une conclusion (« Socrate est mortel »). La conclusion doit nécessairement découler des prémisses et apporter une nouveauté par rapport à elles.

Descartes rompt avec cette tradition en ce que son propos n'est nullement d'étudier les règles qui sous-tendent la vérité des propositions. L'objectif de la logique cartésienne est **l'élaboration d'une méthode** qui permette de « bien conduire sa raison et chercher la vérité dans les sciences » (sous-titre du *Discours de la méthode*), en d'autres termes d'arriver à distinguer le vrai du faux de manière certaine.

Une mathématique universelle

Pour ce faire, partant du constat que le raisonnement mathématique parvient à établir des vérités certaines et indubitables, Descartes décide **d'appliquer les principes de la raison mathématique à la connaissance du réel** afin de garantir la validité de nos jugements.

Il développe ainsi l'idée d'**une mathématique universelle qui serait la source de toutes les sciences**, c'est-à-dire une sorte de science générale qui étudierait toutes les sciences, tout ce qu'il est possible de rechercher, permettant ainsi d'unifier le savoir. Il s'agit là du fondement de toute sa réflexion logique.

Cette mathématique universelle s'organise autour de **deux concepts fondamentaux** :

- **l'ordre**. Dans un problème, chaque terme dépend de celui qui le précède. Une opération d'ordination permet dès lors de découvrir la valeur des inconnues. Par exemple, si l'on regarde les plans filmés d'un film qui vient d'être tourné, il faudra d'abord procéder à un montage afin de pouvoir rendre le film intelligible. Cette opération équivaut à une mise en ordre ;
- **la mesure**. Les objets mathématiques se rapportent les uns aux autres selon une même unité. Par exemple, on ne peut pas comparer une figure géométrique telle que le cercle avec un calcul de probabilité.

Les préceptes de la méthode cartésienne

La méthode de Descartes constitue le chemin pour trouver le vrai et doit dans ce sens guider notre raison. Faculté proprement humaine, la raison est en chacun de nous et Descartes l'assimile au bon sens. Instrument universel de connaissance permettant de discerner le vrai du faux, la raison, bien qu'elle soit égale chez tous les hommes, n'est cependant pas toujours utilisée correctement par ceux-ci : tous les esprits ne sont pas égaux en termes de vivacité, d'imagination, de mémoire ou encore de connaissance. Selon le philosophe, **les hommes manquent de méthode dans l'utilisation de leur raison**.

Seule la méthode prônée par Descartes permettra de guider la raison sur la voie du vrai, de la connaissance adéquate. Elle est sous-tendue par **quatre préceptes** qui doivent être appliqués dans un ordre précis à chaque objet sur lequel on choisit de réfléchir :

- **seules les évidences, autrement dit les idées claires et distinctes, sont vraies**. L'évidence est ce qui s'impose immédiatement à l'esprit expurgé des opinions et des préjugés. Le contenu des idées distinctes doit être clair et net, et se distinguer des autres idées. L'acquisition d'une idée claire et distincte résulte d'une recherche, d'un processus réflexif, c'est-à-dire qu'elle n'est pas une donnée première ;
- **l'analyse permet de diviser les problèmes en questions élémentaires et séparées**, car il est impossible de régler un problème d'une seule traite. En procédant de la sorte, il y a toujours au moins un élément que l'on peut

résoudre. Autrement dit, il faut subdiviser le complexe en éléments simples ;

- **la synthèse, au contraire, consiste à remonter de manière ordonnée des éléments les plus simples aux problèmes les plus complexes**. Par exemple, l'étude d'une plante par un botaniste donnera à voir ses différentes parties (pétales, feuilles, racines, etc.) par ordre croissant de complexité afin d'en comprendre le fonctionnement et la constitution. L'idée d'ordre est importante : chaque élément est déduit de ce qui le précède, ce qui garantit la véracité du raisonnement ;

- **le dénombrement (ou énumération) permet de vérifier en dernier lieu la continuité du raisonnement**. Pour ce faire, il faut s'assurer qu'aucun élément du raisonnement n'a été oublié et qu'il n'y a pas de rupture dans la trame de déduction (<u>citation 1</u>).

On peut exemplifier les préceptes d'analyse et de synthèse par l'image d'une chaine dont chaque maillon représente un élément. Après avoir identifié chaque maillon (analyse), il s'agit de vérifier que chacun d'eux est solidement attaché à celui qui le suit, et ce faisant nous remontons toute la chaine, selon un ordre strict (synthèse). La chaine est solide, d'une part parce qu'elle repose sur des éléments évidents et d'autre part parce que les rapports qui lient les maillons de cette chaine ont été strictement déduits les uns des autres.

Deux modes d'accès à la connaissance

On constate que Descartes distingue deux modes d'accès à la connaissance :

- l'intuition, qui permet d'appréhender ce qui est évident sans risque d'erreur, d'un seul regard. Elle concerne des objets simples et des concepts irréductibles tels que le mouvement, la figure ou l'étendue. Elle saisit des vérités indubitables telles « Je pense donc je suis » ou les règles mathématiques de la distributivité ($[a + b] + c = a + [b + c]$), puis l'entendement procède à la reconnaissance de ces vérités simples ;
- la déduction, qui fait le lien entre plusieurs vérités intuitives. Elle constitue donc une chaine d'intuitions et permet ainsi de résoudre des problèmes.

Tandis qu'Aristote ne se préoccupait pas de la véracité et de la certitude des propositions, n'étudiant que les rapports logiques qui les liaient entre elles, Descartes s'assure au contraire de la nature même des propositions et de leur véracité.

Le chaos et l'obscurité du monde ne sont donc pas une fatalité, car la méthode cartésienne permet d'éclaircir la réalité. Dès lors, il est possible pour Descartes de cheminer sur la voie de la connaissance vraie et ainsi de poser les fondements de sa métaphysique.

L'ITINÉRAIRE MÉTAPHYSIQUE

Le doute systématique

Afin de fonder sa réflexion métaphysique sur des bases solides grâce à sa méthode, Descartes procède à une véritable ascèse intellectuelle et remet tout en question. Le doute est le premier moment de l'itinéraire métaphysique de Descartes.

Celui-ci constate tout d'abord que **nos sens nous trompent** et que l'on se fourvoie dans l'illusion. Par exemple, un bâton plongé dans l'eau nous apparait brisé alors qu'il s'agit simplement d'une illusion d'optique. À partir de là, **il instaure le doute systématique par rapport au réel**. Ce doute, qui relève d'une démarche volontaire (il décide de douter), est également qualifié de « méthodique » en ce qu'il est l'application scrupuleuse de sa méthode dans le domaine de la métaphysique. Alors que le doute des sceptiques, absolu, est une fin en soi, le doute cartésien, provisoire, permet d'accéder à la vérité.

BON À SAVOIR

Le **scepticisme** est une doctrine grecque initiée par Pyrrhon (vers 365-275 av. J.-C.). Celui-ci s'abstenait de donner son opinion sur les sujets qui lui étaient soumis. Estimant que nous ne pouvons être certains d'atteindre la vérité, il recommandait le doute absolu et la suspension du jugement.

Le doute systématique se caractérise par :

- **sa radicalité**. Il s'agit de considérer comme fausse toute chose qui n'est pas entièrement certaine. Descartes s'applique donc à détruire toutes ses anciennes opinions ;
- **son caractère hyperbolique**. Le doute est poussé à son paroxysme, car le philosophe émet l'hypothèse d'un Dieu trompeur ou d'un malin génie qui nous abuse en permanence, nous faisant croire à l'existence de certaines choses.

La découverte du *cogito*

Le doute s'attaque ainsi à toutes nos connaissances et opinions, mais aussi à notre croyance dans l'existence de la réalité, de notre propre corps et du monde qui nous entoure. Cependant, rapidement, Descartes s'aperçoit qu'il y a une chose dont il ne peut douter : s'il doute, c'est qu'il pense, et s'il pense, c'est qu'il existe (citation 2). En effet, il faut d'abord penser pour douter, et pour penser il faut exister. Il découvre ce faisant **une première certitude, le *cogito* : « Je pense donc je suis »** (*Cogito ergo sum* en latin). Le cogito désigne ainsi la prise de conscience de notre existence comme sujet de doute et, par là même, comme sujet de pensée.

Le philosophe construit ensuite toute sa métaphysique à partir de ce « Je pense donc je suis », qui constitue dès lors, en tant que première certitude, une voie d'accès à la vérité. Même si nous ne savons rien encore de l'existence du corps ou du monde, nous savons déjà que nous sommes des êtres pensants, nous avons conscience de notre propre conscience. Notons que le cogito porte en filigrane la distinction cartésienne de l'âme et du corps qui fondera toute la physique de Descartes.

La preuve de l'existence de Dieu

L'existence de Dieu est la seconde certitude issue du doute et de la découverte du *cogito*.

Descartes constate qu'**il possède en lui l'idée de Dieu**, qui est une substance infinie, éternelle, immuable et toute-puissante. Cependant, **il ne peut en être la cause** : puisqu'il est lui-même un être fini et imparfait, il n'a pas pu inventer cette idée d'un être infini et parfait. Il est en effet impossible de créer l'idée de perfection à partir de réalités imparfaites. Descartes en conclut donc que s'il possède en lui l'idée de Dieu, c'est que **Dieu lui-même l'y a mise** (citation 3).

Notons au passage que Descartes distingue **différents types d'idées**, qu'elles soient vraies ou fausses :

- les idées adventices ou sensibles, soit les idées qui viennent de l'extérieur, par exemple l'idée de la Terre ou l'idée du ciel ;
- les idées factices, celles que nous inventons, par exemple l'idée de chimère ;
- les idées innées, vraies et immuables, qui sont naturellement en nous. Il en va ainsi de l'idée de Dieu, être infini et parfait, qui se trouve en nous alors même que nous sommes des êtres finis.

La preuve de l'existence de Dieu n'est pas une finalité pour Descartes : elle constitue un fondement métaphysique solide pour l'élaboration du savoir. Autrement dit, elle est un moyen au service d'une autre fin.

La liberté et l'erreur

Pour le philosophe, **l'esprit humain comporte deux facultés** :

- **l'entendement**, ou la faculté de comprendre, qui est fini ;
- **la volonté**, ou la faculté de juger, qui est infinie. Il s'agit de **la condition de possibilité de la liberté**.

Cependant, cette volonté infinie n'est pas suffisante pour garantir la liberté. Selon Descartes, **la véritable liberté est guidée par une connaissance vraie**. Il définit ainsi deux niveaux de liberté :

- la liberté d'indifférence surgit lorsque la volonté n'est pas mue par le savoir vrai ;
- la véritable liberté, caractérisée par le choix éclairé, apparait lorsque la volonté est portée par la connaissance du vrai (citation 4).

L'homme est donc capable d'agir par lui-même, librement, ce qui suppose qu'il est également sujet à l'erreur dans ses choix et jugements.

L'entendement humain, contrairement à la volonté, est limité, car l'homme n'est pas Dieu. L'entendement ne se trompe néanmoins jamais et **l'erreur se situe dans le jugement, lui-même tributaire de la volonté** : juger signifie en effet affirmer ou nier, donner son assentiment ou non. L'erreur désigne en ce sens un jugement hâtif porté sur quelque représentation et celui-ci est le résultat d'un manque de méthode. On peut donc y remédier aisément.

La métaphysique constitue le fondement du système de pensée élaboré par Descartes : c'est à partir d'elle que vont s'élaborer les autres sciences, la physique notamment, qui désigne l'étude de la nature. Plus précisément, chez Descartes, la physique a pour unique objet l'homme, et s'attache à rendre compte de ses rapports avec la nature.

LA PHYSIQUE

L'âme et le corps

La **distinction radicale de l'âme et du corps** constitue une étape charnière entre les dimensions métaphysique et physique de la pensée de Descartes. Cette dualité découle elle aussi de la découverte du *cogito* : en se découvrant sujet pensant, le philosophe découvre qu'il est une âme, c'est-à-dire une « **substance pensante** » (*res cogitans*), indépendamment d'un corps. Cela dit, **l'existence de son corps constitue également une évidence** : Dieu, dans son infinie bonté, n'a pas pu vouloir induire l'homme en erreur à ce sujet.

Si nous avons la certitude que **notre esprit existe indépendamment des choses matérielles**, aussi nous faut-il admettre que **nous concevons notre corps par les sensations**. Le corps est une « substance étendue » (*res extensa*), autrement dit définie par l'extension et le mouvement (citation 5).

Il y a ainsi une dualité entre :

- le monde spirituel et le monde matériel ;
- la pensée pure et les corps étendus.

La philosophie traditionnelle a toujours défendu cette séparation de l'âme et du corps, mais Descartes, pour sa part, conçoit tout de même une **dépendance entre l'âme, soit la pensée, et le corps, soit la sensation**. Il existe selon lui un parallélisme entre les deux substances en l'homme. Par exemple, si nous éprouvons une sensation de faim ou que nous nous coupons avec des ciseaux, notre âme perçoit en elle-même ces sensations. Il y a ainsi certaines choses que nous expérimentons en nous-mêmes, qui ne doivent pas être attribuées à l'âme seule, ni au corps seul, mais à l'étroite union qui existe entre eux (boire, manger, les émotions, etc.).

La découverte de ce parallélisme conduit Descartes à l'étude du fonctionnement de l'organisme et de sa place dans la nature.

La physique mécaniste

Descartes est la figure de proue de **la conception mécaniste des phénomènes physiques** qui marquera le XVIIe siècle. Le mécanisme prétend rendre compte de tout grâce aux lois des mouvements de la matière dans l'espace : tous les phénomènes physiques sont réduits à des chocs entre particules et sont unis entre eux par des liens de cause à effet.

Descartes estime que **la matière se caractérise par l'éten-**

due spatiale et par le mouvement, et qu'elle est potentiellement infinie, en petitesse comme en grandeur. Il s'agit d'une unité indivisible et il n'existe aucune différence de qualité entre les éléments composant le monde physique. Par ailleurs, **les corps ne sont que des portions délimitées de la matière qui se différencient par leur forme et par leur position dans l'espace**.

L'expérience du morceau de cire soumis à la chaleur du feu étaye cette théorie : lorsqu'un morceau de cire de forme oblongue, doté d'une saveur, d'un parfum et d'une certaine dureté au toucher passe sous la flamme, il devient méconnaissable en se transformant, car il perd ses caractéristiques. Néanmoins nous savons grâce à notre conscience qu'il s'agit toujours de cire (citation 6). Cela prouve :

- d'une part, que la connaissance provient de la conscience (sans conscience, nous ne pourrions pas reconnaitre le morceau de cire transformé), plus précisément de l'entendement, et non de nos sens ;
- d'autre part, que seules les propriétés réelles (c'est-à-dire la nature même des choses, ici la cire) demeurent stables dans les corps matériels.

La physiologie

Le corps vivant relève lui aussi d'une explication mécaniste : c'est un automate créé par Dieu, une machine, entièrement explicable par les lois de la nature. Descartes conçoit ainsi **le corps comme un ensemble organisé de cavités et de canaux par lesquels circule le sang**. Cette théorie met en exergue le balbutiement des sciences du vivant.

Le philosophe distingue cependant radicalement l'homme des autres organismes vivants :

- **l'être humain est doté d'une conscience**, là où l'animal est défini comme pure machine dénuée de sensibilité, de pensée et de langage (citation 7) ;
- en outre, comme on l'a déjà vu, chez l'homme, **l'âme et le corps entretiennent un rapport étroit** qui revêt une finalité précise : la conservation de notre être. Cette interaction est expliquée par **la théorie des « esprits animaux »** : ce sont de petits corps qui circulent du cerveau jusque dans les membres dont ils provoquent le mouvement en gonflant les terminaisons nerveuses. Ils transmettent également au cerveau les images des objets extérieurs et tout ce qui vient de l'âme. Celle-ci réside quant à elle dans la glande pinéale située à la base du cerveau.

L'homme, ainsi que les autres créatures, obéit à des lois universelles créées par Dieu et est inscrit dans un univers mécaniste de causes et d'effets ; néanmoins, il lui appartient de faire usage de sa raison et de se connaitre afin de ne pas tomber dans l'erreur et d'orienter sa vie sous l'égide de la connaissance vraie. Car prendre conscience de sa nature et de celle du monde permet de bien agir.

Ce système physiologique servira d'appui aux recherches de Descartes sur les passions humaines, contribuant ainsi à l'édification de sa réflexion morale.

LA MORALE

Une morale par provision

Descartes élabore dès le *Discours de la méthode* une « morale par provision » qui se substituera à la morale définitive le temps que l'exigera son élaboration méthodique. En effet, la morale doit guider l'homme « ici et maintenant » dans ses actions et cette visée pratique ne saurait attendre les préceptes de la morale définitive.

Le philosophe propose **quatre maximes de vie**, imparfaites mais nécessaires, afin d'organiser son existence :

- il s'agit d'**obéir aux lois et aux coutumes de son pays** en préférant les opinions les plus modérées. Loin de prôner un conformisme social, Descartes invite l'homme à s'intégrer à la société et à mener une vie libre et honnête ;
- il faut **être ferme et résolu dans ses actions**, et suivre ses opinions jusqu'au bout. Il ne faut pas agir en fonction des circonstances. L'inconstance est le fait d'un esprit faible. De là découlent le remords et le repentir ;
- il faut **changer ses désirs plutôt que l'ordre du monde** ;
- il faut également **cultiver sa raison** en méditant.

Ces préceptes demeureront dans sa morale définitive.

Les passions de l'âme

Dans *Les Passions de l'âme*, Descartes dresse un inventaire des **six passions primitives** :

- l'admiration,

- l'amour,
- la haine,
- la joie,
- le désir
- et la tristesse.

Les autres passions sont de simples nuances de celles-ci. Les passions sont **des états de l'âme** qui proviennent d'une action du corps et sont entretenues par le mouvement des « esprits animaux ». Elles sont **reçues par l'esprit sans qu'il fasse acte de volonté**. Il est donc important que l'homme connaisse la nature des passions et leur mécanisme, afin d'**éviter qu'elles ne soient subies par l'âme** et de rétablir l'âme aux commandes du corps. Guidées par la raison, elles sont en effet bénéfiques et peuvent, par exemple, susciter le désir d'acquérir de nouvelles connaissances ou de rechercher un objet.

Descartes dessine ainsi **le commencement de la sagesse**. Acquérir un savoir sur soi et sur ses passions confère un pouvoir sur son être. Cette sagesse s'accomplit par ailleurs dans **la générosité**, point nodal de toutes les vertus. Elle est **prise de conscience de notre libre arbitre et résolution ferme d'en user avec raison**. Il s'agit là de la morale définitive de Descartes.

EN RÉSUMÉ

Afin de distinguer le vrai du faux de manière certaine, Descartes élabore une méthode sous-tendue par **quatre préceptes** : l'évidence, l'analyse, la synthèse et le dénombrement.

Alors qu'il applique **le doute systématique** par rapport au réel, il s'aperçoit qu'il y a une chose dont il ne peut douter : s'il doute, c'est qu'il existe. Il découvre ainsi une première certitude : **le *cogito***, qui lui permet ensuite d'aboutir à la certitude de **l'existence de Dieu**.

Selon Descartes, l'esprit humain comporte deux facultés : l'entendement et la volonté, qui constitue la condition de possibilité de la liberté. Cependant, **la véritable liberté est guidée par une connaissance vraie**.

En ce qui concerne la physique, le philosophe établit une **distinction radicale entre l'âme et le corps**, mais il reconnait qu'il existe un parallélisme entre les deux : c'est la **théorie des esprits animaux**.

Par ailleurs, Descartes, figure de proue de la conception mécaniste des phénomènes physiques, estime que **la matière se caractérise par l'étendue spatiale et le mouvement**, et qu'elle est infinie. Ainsi, les corps ne sont que des portions délimitées de la matière. Quant au **corps vivant**, plus précisément, il s'agit d'**une machine** explicable par les lois de la nature. L'homme se distingue toutefois des autres organismes vivants car il est doté d'une conscience.

Enfin, le philosophe élabore **une morale proposant quatre maximes de vie** : obéir aux lois et coutumes de son pays, être ferme et résolu dans ses actions, ne pas agir selon les circonstances, changer ses désirs plutôt que l'ordre du monde, cultiver sa raison.

POUR ALLER PLUS LOIN

- DESCARTES (René), *Discours de la méthode*, Paris, GF-Flammarion, 2000.
- DESCARTES (René), *Les Méditations métaphysiques*, Paris, GF-Flammarion, 1992.
- DESCARTES (René), *Les Passions de l'âme*, Paris, Vrin, 1994.
- DESCARTES (René), *Les Principes de la philosophie*, in *Œuvres et Lettres*, Paris, Gallimard, 1953.
- DESCARTES (René), *Lettre au marquis de Newcastle du 23 novembre 1646*, in *Œuvres métaphysiques de Descartes*, Paris, Classiques Garnier, 1973.
- DESCARTES (René), *Règles pour la direction de l'esprit*, Paris, Vrin, 1988.
- GOUHIER (Henri), *La Pensée métaphysique de Descartes*, Paris, Vrin, 2000.
- GUENANCIA (Pierre), *Lire Descartes* Paris, Gallimard, 2000.
- GUEROULT (Martial), *Descartes selon l'ordre des raisons*, 2 volumes, Paris, Aubier Montaigne, 1992.
- RODIS-LEWIS (Geneviève), *La Morale de Descartes* Paris, PUF, 1998.
- RUSS (Jacqueline), *Panorama des idées philosophiques*, Paris, Armand Colin, 2007.

TESTEZ VOS CONNAISSANCES !

ASSOCIEZ CHAQUE CITATION À L'EXPLICATION QUI LUI CORRESPOND

Citation 1 : « [...] ne recevoir jamais aucune chose pour vraie que je ne la connusse évidemment être telle [...] ; diviser chacune des difficultés que j'examinerais en autant de parcelles qu'il se pourrait et qu'il serait requis pour les mieux résoudre ; [...] conduire par ordre mes pensées en commençant par les objets les plus simples et les plus aisés à connaître [...] ; [faire] des dénombrements si entiers [...] que je fusse assuré de ne rien omettre. » (*Discours de la méthode*, Paris, GF-Flammarion, 2000, partie 2)

Citation 2 : « [...] pendant que je voulais ainsi penser que tout était faux, il fallait nécessairement que moi, qui le pensais, fusse quelque chose. » (*Discours de la méthode*, Paris, GF-Flammarion, 2000, partie 4)

Citation 3 : « [...] Dieu existe ; car [...] je n'aurais pas [...] l'idée d'une substance infinie, moi qui suis un être fini, si elle n'avait été mise en moi par quelque substance qui fût véritablement infinie. » (*Les Méditations métaphysiques*, Paris, GF-Flammarion, 1992, 3e méditation)

Citation 4 : « [...] afin que je sois libre, il n'est pas nécessaire que je sois indifférent à choisir l'un ou l'autre des deux contraires ; mais plutôt, d'autant que je penche vers l'un, soit que je connaisse évidemment que le bien et le vrai s'y rencontrent, soit que Dieu dispose ainsi l'intérieur de ma pensée, d'autant plus librement j'en fais choix et je l'embrasse. » (*Les Méditations métaphysiques*, Paris, GF-Flammarion, 1992, 4e méditation)

Citation 5 : « [...] l'étendue en longueur, en largeur et en profondeur, constitue la nature de la substance corporelle ; et la pensée constitue la nature de la substance qui pense. » (*Les Principes de la philosophie*, in *Œuvres et Lettres*, Paris, Gallimard, 1953, partie 1, articles 53 et 54, p. 595)

Citation 6 : « Qu'est-ce donc que l'on connaissait en ce morceau de cire avec tant de distinction ? Certes ce ne peut être rien de tout ce que j'y ai remarqué par l'entremise des sens, puisque toutes les choses qui tombaient sous le goût, ou l'odorat, ou la vue, ou l'attouchement, ou l'ouïe, se trouvent changées, et cependant la même cire demeure. [...] je ne saurais pas même concevoir par l'imagination ce que c'est que cette cire, et qu'il n'y a que mon entendement seul qui le conçoive. » (*Les Méditations métaphysiques*, Paris, GF-Flammarion, 1992, 2e méditation)

Citation 7 : « [...] notre corps n'est pas seulement une machine qui se remue de soi-même, mais [...] il y a aussi en lui une âme qui a des pensées [...]. » (*Lettre au marquis de Newcastle du 23 novembre 1646, in Œuvres métaphysiques de Descartes*, Paris, Classiques Garnier, 1973, tome 3, p. 694-695)

Explication a : alors qu'il doute de tout, Descartes s'aperçoit qu'il y a une chose dont il ne peut douter : le fait qu'il doute, donc qu'il existe.

Explication b : la véritable liberté est guidée par la connaissance du vrai et du bien.

Explication c : l'objectif de la logique cartésienne est l'élaboration d'une méthode qui permette de bien conduire sa raison et de chercher la vérité dans les sciences, en d'autres termes de parvenir à distinguer le vrai et le faux de manière certaine.

Explication d : il existe deux modes d'accès à la connaissance : l'intuition, qui permet d'appréhender ce qui est évident sans risque d'erreur, et la déduction, qui établit le lien entre les vérités intuitives.

Explication e : lorsqu'un morceau de cire passe sous la flamme, il devient méconnaissable car il perd ses caractéristiques initiales ; cependant, nous savons grâce à notre conscience qu'il s'agit toujours de cire.

Explication f : la méthode cartésienne est sous-tendue par quatre préceptes : l'évidence, l'analyse, la synthèse et le dénombrement.

Explication g : l'être humain, doté d'une conscience, n'est pas une pure machine dénuée de sensibilité.

Explication h : le doute méthodique se caractérise par sa radicalité et son caractère hyperbolique, c'est-à-dire le fait qu'il soit poussé à son paroxysme par l'hypothèse d'un malin génie qui nous abuse en permanence.

Explication i : la substance étendue se caractérise par

l'extension dans l'espace, tandis que la substance pensante
se caractérise par la pensée.

Explication j : étant donné qu'il possède en lui l'idée de
Dieu, qui est infini, Descartes en déduit que Dieu existe, car,
en tant qu'être fini, il ne peut être la cause de cette idée :
elle a donc nécessairement été mise en lui par Dieu.

Rendez-vous sur lepetitphilosophe.fr et découvrez :

Plus de 1200 analyses
Claires et synthétiques
Téléchargeables en 30 secondes
À imprimer chez soi

ISBN version numérique : 978-2-8062-4934-0
ISBN version papier : 978-2-8080-0136-6
Dépôt légal : D/2017/12603/520

Conception numérique : Primento,
le partenaire numérique des éditeurs.